Vier Pfoten für den guten Zweck und der Alimoreader

Für meinen Ehemann, alles Gute zum Geburtstag!

Autorin / Bilder / Cover

Tanja L. Feiler

Haeschens Plan

Haeschen besucht die Cute Pets aus gesundheitlichen Gründen. Sie hat eine Sonnenallergie auf dem Rücken und will solange in Pet City bleiben, bis sie wieder gesund ist. Doch da sie zwar ein Cute Pet ist, jedoch nicht mehr in der WG wohnt, verbringt sie den Tag mit ehrenamtlicher Arbeit bei vier Pfoten. Das ist kein Tierheim, sondern etwas ganz neues. Die Cute Pets sind zur Zeit angespannt aufgrund der finanziellen Situation. Da kommt Haeschen eine Idee. Sie schreibt über ihre

Arbeit bei Vier Pfoten ein Kinderbuch. Da geht der Gesprächsstoff nicht aus, wenn Haeschen abends von der Arbeit kommt. Sie wird ihre ehemaligen WG Mitbewohner (Wissenschaftler, Akrobatin, Musiker, Autoren, Künstler, Designer) mit einbeziehen, damit sie auf andere Gedanken kommen. Haeschen hat via Videochat Sammy und ihren Ehemann im Dschungel informiert, die finden das klasse. Also los geht's...

Haeschen erzählt beim Abendessen, dass sie ein Kinderbuch ueber ihre Arbeit bei 4 Pfoten schreiben will. Haeschen erklärt, dass hilft ihr gegen ihr Heimweh. Haeschen war gestern beim Arzt, der ihr etwas verschrieb. Das Medikament hilft bei der Heilung der Haut.

Haeschen will aber wenn ihr Rücken verheilt ist wieder nach Hause und das ist überall in der Welt, die nächste Zeit der Dschungel.

Wie lange der Heilungsprozess dauert kann der Doc nicht sagen, doch er verschreibt Haeschen eine Salbe, die den

Ausbruch der Allergie verhindert.

Die Idee mit dem Kinderbuch ruft Begeisterung hervor. Fragen prasseln auf Haeschen ein. Natürlich bieten alle ihre Hilfe an. Doch Haeschen erklärt, dass sie inhaltlich keine Hilfe braucht, doch ihr Anspruch an das Buch sind technischer Natur. Alien und Imhotep sind da die Ansprechpartner. Haeschen bittet die beiden nach ebook Reader Prototypen zu recherchieren, die mehr können...

X erzählt Haeschen von ihren letzten gemeinsamen Buchprojekten. Da hat durch klare Aufgabenverteilung alles gut geklappt. Haeschen will das Kinderbuch der vier Pfoten Stiftung als Abschiedsgeschenk geben, also sitzt ihr die Zeit im Nacken. Kitty hat ein liebes neues Programm und macht sich an Bildbearbeitung für das Buch. Haeschen bittet die anderen ein Vorwort ueber das soziale Engagement der Cute Pets zu schreiben mit Verweis auf die Chronik, den Newsletter und die Website. Beim Gestalten des Buchcovers, hm, halt lieb und phantasievoll. Michelle, die eigentlich ihr zweites vegetarisches

Kochbuch geplant hat, sieht da keinen Widerspruch. Mit Haeschens okay veröffentlicht Michelle ein Rezept, damit auch Kids sehen, dass vegetarische Gerichte lecker sind. X soll die Cover Ideen koordinieren. Haeschen macht sich ans Schreiben...

Vier Pfoten für den guten Zweck

Mein Name ist Haeschen, ja ihr habt euch nicht verlesen, so heiße ich. Und es gibt einen Ort, an dem sich Tiere besonders wohl fühlen. Es ist kein Zoo, wo meistens Tiere auf engem Raum leben müssen. Es gibt auch Zoos, in denen nicht nur Käfige sind, sondern ein Park.

Es ist auch kein Tierheim. Es ist ein Ort, den jedes Tier, das in Not ist, automatisch findet. Stellt euch vor, eine Katze 🐱 hat sich verlaufen. Sie hat Angst und Hunger, doch was tun? Plötzlich riecht sie leckeres Essen, doch nicht nur das. Sie fühlt etwas vertrautes, wie zuhause, also geht sie dort hin. Der Ort ist Pet City, dort gibt es ein Haus, wo die Katze automatisch hinläuft. Auch ein Eichhörnchen, das sich verletzt hat, weiß, dort wird mir geholfen. Jedes Tier, das sich in not befindet, findet den Weg zu dem Haus und das ganz ohne Hilfe von Menschen.

Möglich macht das eine weltweit einzigartige Roboter Technologie, die in der Lage sind, gespeicherte Daten in alle Frequenzen, die Tiere wahrnehmen, selbst Gerüche nach Essen, umzuwandeln und im Radius der Stadt zu senden. Die Roboter sind Androiden, die aussehen wie Wellensittiche, warum gerade Wellensittiche? Die kleinen Androiden senden rund um die Uhr. Energiequelle ist die Sonne, wie ihr wisst, gibt es in Pet City auch eine Solar Tankstelle. Aus Kostengründen gibt es zwei Androiden in Gestalt der Sittiche. Der eine hält sich beim Haus auf, wo die Tiere Hilfe finden, der andere fliegt im Radius der Stadt, um notleidende Tiere durch Senden seiner Frequenz den Weg zu den 4 Pfoten für den guten Zweck zu "zeigen". Dort angekommen sind nicht nur Menschen im Einsatz, sondern auch ein Tierarzt, der sofort diagnostiziert, was dem Tier fehlt, der dritte

Android im Bunde, den Rest machen ehrenamtliche Helfer wie ich. Die Tiere füttern, verletzte Tiere pflegen, saubermachen...und da viele Haustiere einen Chip implantiert haben, die Datenbank im Computer nach dem Besitzer absuchen. Selbst die

Wissenschaftler und Ingenieure arbeiten ehrenamtlich nach Feierabend in ihren Laboren. Meine ehemaligen WG Mitbewohner Imhotep und Alien haben ebenfalls an der Verwirklichung dieser Technik mitgearbeitet. Es gibt noch soviel zu erzählen, aber besucht uns doch einfach. Oder gibts in die Suchmaschine in eurem PC ein.

Haeschens Buch ist fertig, eine Bildergalerie, Michelles Rezept und fertig ist's. Das Vorwort und Cover braucht noch Zeit.

Alien und Imhotep recherchieren die eBook

Reader   Prototypen.
Natürlich haben beide
eine Idee, doch deren
Verwirklichen dauert.

Dazu brauchen beide
eine Genehmigung, für
eine gewisse Zeit im
Labor zu arbeiten. Das
ist schwierig. Besonders
bei Imhotep, der recht
emotional seine Arbeit
als Wissenschaftler dort

beendet hat. Er hatte ein gepfeffertes Kündigungsschreiben ins Labor per Telegramm wie vor 100 Jahren geschickt. Da Alien in gegenseitigem Einverständnis gekündigt hat, genießt er das Privileg Prototypen.

Professor Taberton empfängt Alien und

Imhotep, die ihr Anliegen vortragen. Statt dem vermuteten Wutausbruch, schüttelt Jet Taberton Imhotep die Hand. Er sagt, er habe in seiner beruflichen Laufbahn noch kein Schreiben eines Mitarbeiters erhalten, dass die Wahrheit auf den Punkt bringt. Da der Professor aus Übersee ist, sind ihm emotionale Betonungen des Geschriebenen vertraut und kein Grund des Ärgernisses. Je nach Formulierung Amazing.

Die beiden haben einmal wöchentlich das Labor für sich, wenn die ehemaligen

Arbeitskollegen Feierabend haben. Professor Taberton hat sogar genehmigt, dass Aliens und Imhoteps Labor genutzt werden darf. Imhotep ist gespannt wie Aliens Labor aussieht ebenso Alien. Zwar haben die Cute Pets Wissenschaftler ueber

ihre Arbeit viel geredet,
doch was da genau an
Wissenschaftlichem
Equipment   da
ist...Ausgerüstet mit dem
Wissen   der   streng
vertraulichen
Sicherheitsvorkehrungen
und den Schlüsseln, ja
Schlüssel,   keine
hochtechnische
Chipkarte wie sie selbst

normale Hotels haben, kehren beide gut gelaunt nach Hause. Haeschen ist happy ueber die News. Alien und Imhotep sind völlig ahnungslos, dass sie gerade angestiftet wurden, etwas zu erfinden, was es noch gar nicht gibt und das die Verwirklichung als Haeschens

Buchgeschenk zeitlich unmöglich hinhaut...

Alle sind damit beschäftigt, Haeschens Buchprojekt zu verwirklichen, damit sie das Buch rechtzeitig vor ihrer Abreise den Mitarbeitern von vier Pfoten schenken kann. Nun, Haeschen ist fertig, das Intro und Michelles

Rezept samt Kittys Bildergalerie sind druckreif, alles zusammen zu einem Buch gestellt, die PDF bereit, ins Netz zu jagen, was fehlt ist das Cover. Alien und Imhotep sind ja für den "eBook" Bereich verantwortlich, der ist separat.

Verdammt, wann machen die im Labor endlich Feierabend? Laut Aussage des Professors gegen acht abends, von wegen. Amber und Angela hoffen, dass ihre Ehemänner endlich ins Labor gehen, sie machen seit neun Uhr Anrufe im Labor, wenn endlich keiner mehr ans Telefon geht, gehen Imhotep und Alien ins Labor.

Amber und Angela surfen dann zusammen, nicht im Internet, sondern mit Aliens Prototyp im Meer, und das im Zimmer.

Amber bringt Angela das surfen 🏄 bei. Durch die angespannte Situation hatten die Cute Pets ihre Snowboard Maschine, Beach Maschine, die Halloween sowieso nicht, nicht mehr genutzt. Selbst Amber hatte keine Lust mehr auf die Trainingsmaschine, keiner ist mehr mit den Autos der Zukunft eine Runde im Zimmer gefahren.

Die Konzertsaison ist jetzt seit vier Wochen abgeschlossen. Seitdem ist auch die Soundmaschine nicht mehr in Gebrauch.

Seit jedoch Haeschen zu Besuch ist...Haeschen, Angelina, Kitty und Michelle wollen ohne Ambers Hilfe, die im Zimmer nebenan surft,

Snowboard lernen. Die beiden Maschinen laufen auf Hochtouren.

Alien und Imhotep sind in ihren Labors, Maehi und X wollen endlich das Buchcover fertig machen. Da alle Girls Aliens Maschinen in Beschlag genommen haben, laedt X Maehi zu einer Spritztour ein.

Genau zehn Minuten später sind die beiden wieder zuhause, 30 Minuten später Alien und Imhotep.

X, Maehi, Alien und Imhotep stürmen an den Strand, hüpfen ins Wasser zu ihren Ehefrauen, während nebenan die vier Girls Snowboarden, was jedoch in einer Schneeballschlacht endet...warum Alien und Imhotep so schnell wieder zuhause sind, hat folgenden Grund. Nachdem Alien Imhoteps ehemaliges Labor gesehen hat und Imhotep das Aliens, haben beide scharf nachgedacht. Hm...

Und dann sind sie mit dem Bus nachhause gefahren und haben ihre quietschenden Ehefrauen gehört. Also die Stunde Beachprogramm nutzen...gleichzeitig sind die vier Snowboarderinnen fertig.

Am nächsten Tag ist Haeschen zum Doktor, Prognose ist, dass Haeschens Rücken durch das Medikament fast verheilt ist. Haeschen bucht für nächste Woche den Rückflug nachhause. Da bleibt genug Zeit, um das Buch zu publizieren, per 24 Stundenbestellservice das Buch zu erhalten und als Geschenk zu verpacken. Haeschen schickt den Cute Pets eine SMS ueber die News.

Jetzt werden die Cute Pets zu Action Bürgern. Sie wollen bis heute abend das Cover fertig haben...

Alien und Imhotep
erklären Haeschen, dass
sie zwar eine Idee für
eBook Reader haben,
doch bis nächste Woche
ist das nicht zu
verwirklichen. Dafür hat
Haeschen natürlich
vollstes Verständnis. Die
beiden sprechen erst
ueber ihre Erfindung,
wenn der erste

Prototype funktioniert und patentiert ist. Und die Cute Pets haben es geschafft. Kitty macht ein Foto des Covers, das Haeschen jubeln lässt. Sie saust mit Kitty an den PC und beide clicken gemeinsam die Mouse, das Buch ist im Netz, publiziert und in ein

paar Stunden
bestellbar...

Geschenke

Haeschens schenkt an ihrem letzten Arbeitstag das Buch dem vier Pfoten Haus. Alle freuen sich, sind aber auch traurig, dass Haeschen wegfliegt. Haeschen erhält auch ein Geschenk: Das vier Pfoten Certificat.

Haeschen wird morgen nach Hause fliegen und hat für die Cute Pets auch ein Geschenk. Nach der Abschiedsparty im vier Pfoten Haus hat Haeschen das Geschenk dabei. Amber öffnet die Tür und alle rufen Überraschung. Die Küche ist voller Luftballons...die Cute Pets fallen sich in die Arme und Haeschen bekommt ein Paket. Die Cute Pets von Haeschen. Die Cute Pets bekommen eine Schreibmaschine, in der ein Blatt steckt auf dem steht: Tippt eure Meinung!

Die Cute Pets verstehen sofort.

Haeschen traut ihren Augen nicht, als sie das Paket aufmacht...der erste EBook Reader mit einer Hologramm App. Alien und Imhotep haben die letzten beiden Nächte im Labor verbracht und zwei Prototypen gebaut und patentiert. Haeschen beginnt wie bei einem ganz normalen eBook Reader das Buch zu lesen, dass sie geschrieben hat, dann klickt sie auf die App und liest im freien Raum, ohne Zusatzgerät ist das Geschriebene ein Hologramm. Der Alimoreader, wie Alien das Teil nennt, wird nicht teurer sein als ein normaler Reader, dank Imhoteps Wissen über die bereits existierende Chiptechnik. Die App haben die beiden ueber einen App Baukasten erstellt, den jeder im Netz nutzen kann, der eine App bauen will. Doch was die App kann, das hat Imhotep koordiniert. Alien hat dann einen normalen No Name eBook Reader besorgt und getunt zum Alimoreader für Jedermann.

Natürlich quillt der Email Account von Alien ueber. Das Interesse ist groß. Alien hat nach der Patentierung den Alimoreader im Netz vorgestellt. Doch

Haeschen ist die erste,
die stolze Besitzerin ist.

...to be continued

Besonders   Danke   ich
meinem Ehemann